0407

Y0-EQJ-602

Samuel Cunard

John M. Bassett

SF

0407

LES ÉDITIONS JULIENNE INC.

Contenu

Chapitre

1 **L'or du pirate 1**
2 **La révolution 4**
3 **La jeunesse 8**
4 **La guerre de 1812 12**
5 **Le courrier postal Overland 17**
6 **Joseph, le frère de Sam 20**
7 **Le principe de la vapeur et les premiers navires à vapeur 26**
8 **La grande course aux navires à vapeur 32**
9 **Le Britannia 39**
10 **Le Ruban bleu de l'Atlantique 46**
11 **Les concurrents 50**
12 **Le succès 53**

L'auteur

John Bassett est consultant en communication au conseil scolaire de la circonscription de Lincoln et l'auteur de plusieurs livres écrits pour les jeunes lecteurs.

Version française

Traducteur: Albert Ledoux
Conseiller linguistique: Bernard-Pierre Paquet

© 1978 Les Editions Julienne Inc.,
Case postale 104,
Longueuil, Québec, J4K 4X8

Version anglaise

Auteur: John Bassett

© 1976 Fitzhenry & Whiteside Limited,
150 Lesmill Road,
Don Mills, Ontario, M3B 2T5

Il est interdit de reproduire une partie quelconque de ce livre par quelque moyen que ce soit, sans la permisssion écrite de l'éditeur.

Imprimé au Canada

L'or du pirate Chapitre 1

En 1683, lors de violentes persécutions religieuses en Europe, Thones Kunders, un quaker, teinturier et tisserand de son métier, s'enfuit de la Prusse, accompagné de sa femme et de ses trois fils pour gagner le Nouveau Monde. Il espérait trouver en Amérique et la liberté de pratiquer la religion de son choix et la chance d'améliorer son sort et celui des siens.

Le roi Charles ll d'Angleterre avait octroyé à William Penn, un célèbre quaker anglais, un immense territoire devenu depuis l'Etat de Pennsylvanie. C'est là que Thones Kunders s'établit. Thones et sa famille se mirent à défricher, mais péniblement, et, à certains moments, ils doutèrent de venir à bout de cette terre inculte.

Au début, la vie fut extrêmement dure. Le voisin le plus rapproché habitait à des kilomètres de là. La menace d'une incursion indienne pesait toujours. Les colons devaient se pourvoir, grâce à leur travail et à leur ingéniosité, non seulement d'aliments et d'un gîte, mais aussi de meubles et de vêtements. Mais Thones tint bon et, lentement, la ferme prit un air de modeste prospérité. D'autres personnes vinrent s'établir dans la région. La menace d'attaques indiennes s'atténua, et d'humbles établissements surgirent qui, peu à peu, assurèrent aux premiers colons certaines des commodités de la vie.

Avec le temps, le nom de Thones Kunders, mal orthographié et mal prononcé, se changea finalement en celui de Cunard. L'arpenteur qui, par mégarde, inscrivit le nom de Cunard au bas de l'acte de concession d'un terrain était loin de se douter que ce nom deviendrait celui d'une des grandes lignes de navigation au monde. Mais, à l'époque, cela relevait d'un avenir encore très lointain.

Une légende romanesque entourant l'origine des richesses de la famille a longtemps été transmise par les Cunard à leur postérité. En 1713, un marin anglais nommé Edward ("Barbe-noire") Teach se fit pirate. Dans le sens le plus classique de la piraterie traditionnelle, Barbe-noire terrorisa les Antilles et pilla les na-

Quelles sont les formes de piraterie les plus connues de nos jours?

West Nipissing Public Library

vires le long de la côte est de l'Amérique du Nord, des Carolines à la Virginie. On peut littéralement dire qu'il tua impunément durant cinq ans.

Par une nuit chaude et humide de juillet 1718 - toujours selon la légende - Thones, ne pouvant dormir, était sorti de sa maison pour fumer une pipée et pour essayer de trouver une brise passagère qui pourrait lui apporter quelque soulagement. Soudain un bruit inhabituel attira son attention: c'était le bruit sourd d'une rame tournant dans les tolets. Un bateau à rames remontait la petite rivière qui traversait la propriété des Cunard. Il était visible que les personnes qui se trouvaient dans l'embarcation voulaient passer inaperçues.

Cunard était curieux, mais prudent. La frontière recelait encore plus que sa part de chenapans, et un homme avisé retenait sa langue. Se déplaçant sans bruit, il suivit le bateau de près. Quelques minutes plus tard, ce dernier échoua sur un des nombreux basfonds de la rivière.

Un juron rageur fut suivi de ces ordres: "Enterre-le là-bas sous ce massif de buissons. Si jamais Teach s'aperçoit que nous nous sommes emparés de cet argent, c'en est fait de nous. Allons! vite maintenant. Nous n'avons pas de temps à perdre.

- Assez de tous ces ordres. Voici une pelle: creuse toi-même un trou".

Une troisième voix chargée de colère les interrompit: "Fermez-la, vous deux. Cachons le coffre et partons d'ici avant que tout le monde de la région ne nous entende".

Puis éclatèrent quelques jurons, un concert d'éclaboussements et le bruit des rames du bateau qu'on reconduisait en aval. Cunard aurait payé cher pour savoir qui étaient ces gens, mais, prudemment, il retourna chez lui, décidé ni à découvrir l'identité de ces voyageurs nocturnes ni à se mettre à la recherche du coffre qu'ils avaient enterré.

Plus tard dans cette année, le bruit se répandit que Barbe-noire Teach avait échappé à l'échafaud, qu'on l'avait tué et que son équipage avait été capturé par deux sloops de la flotte royale. Cunard se dit que le temps était venu de satisfaire sa curiosité. Il attendit que tous les gens de la maison fussent endormis et il s'échappa vers la rivière où il avait suivi le bateau. A la lumière de sa lanterne, il pouvait facilement voir, même après des mois, l'endroit où la terre avait été remuée. Quelques coups de bêche lui suffirent pour mettre à découvert un petit coffre de cuivre garni de clous. Un autre coup bien appliqué en fit éclater la serrure et le couvercle s'ouvrit dévoilant le contenu: des pièces d'or remplissaient le coffre jusqu'au bord.

Cunard se rendit compte que la chance lui avait fait mettre la main sur le trésor du pirate. Sa prudence innée le rendit très circonspect. Pendant longtemps sa famille ignora tout de la source de sa richesse inopinée. Cunard ne pouvait plus se satisfaire de demeurer sur une ferme. Il vendit la terre qu'il avait défrichée au prix de si grands efforts et déménagea avec sa famille à Philadelphie. Il y acheta un caboteur, premier vaisseau de ce qui allait devenir une flotte marchande imposante et prospère.

L'aventure de Cunard ou l'histoire du coffre d'or de Teach, bien sûr, reste à prouver. Si elle est vraie, on comprend facilement pourquoi Cunard n'a pas voulu la crier sur les toits. Si elle n'est qu'une légende de famille, elle ne manque pas d'ironie, une ironie amusante: la fortune d'un pirate aurait été à l'origine de l'établissement d'une grande compagnie maritime

Les pirates enterrent le coffre.

Chapitre 2 La révolution

Exactement cent ans après l'arrivée de Thones Kunders en Amérique, ses descendants se virent obligés de quitter leur pays. La guerre éclata entre les colonies américaines et l'Angleterre, et ce qui était apparu au premier des Cunard comme un paradis de paix et de tolérance devint, pour ses arrière-petits-fils, une dangereuse prison. Les personnes qui demeurèrent loyaux à leurs attaches britanniques perdirent tous leurs biens et, dans plusieurs cas, durent s'enfuir pour sauver leur vie.

Depuis l'achat du premier vaisseau payé avec l'or du pirate, l'entreprise de Cunard avait grandi et prospéré. Elle avait connu la richesse parce qu'elle s'était engagée dans le commerce, fort lucratif, qui s'était développé entre l'Amérique, les Antilles et l'Angleterre. Les navires suivaient un parcours formant un triangle: ils allaient de Philadelphie vers l'Angleterre, de l'Angleterre vers les Antilles puis revenaient à Philadelphie, chargés de mélasse et de rhum.

Mais la révolution américaine mit vite un terme au commerce maritime des Cunard. La flotte entière fut confisquée et, en 1780, Abraham Cunard, arrière-petit-fils de Thones, se vit forcé d'émigrer vers Halifax, en Nouvelle-Ecosse, pour y refaire sa vie.

A cause de la révolution américaine, Halifax s'était développé rapidement. Regorgeant de réfugiés venus des Etats-Unis, cette ville était aussi devenue le premier port nord-américain de la flotte anglaise, de sorte que, à n'importe quel moment, elle pouvait être envahie par des milliers de marins anglais permissionnaires. Les marins maltraitaient souvent la population civile (cela était dû, en partie, à l'ivrognerie généralisée. Seul le rhum était bon marché et abondant). A mesure que la guerre s'intensifia et que le nombre de troupes britanniques envoyées à Halifax augmenta, les conditions des civils devinrent presque intolérables.

La ville était incapable de faire face à cette énorme explosion démographique et il devint très déplaisant d'y vivre. Le système d'égout était inexistant et l'on en avait plein la vue et le nez des ordures qu'on laissait dans les rues.

Si vous aviez vécu à Halifax durant les années qui ont suivi 1780, auriez-vous accueilli les Loyalistes du Royaume-Uni qui y arrivaient? Sinon, pourquoi?

Plusieurs des Loyalistes du Royaume-Uni (ainsi appelés parce qu'ils étaient demeurés loyaux à la Grande-Bretagne) qui s'étaient enfuis à Halifax avaient été des personnes très riches et haut-placées en Amérique. Elles se voyaient maintenant contraintes de vivre des maigres aumônes que le Gouvernement consentait à leur donner. Le sol entourant la ville était peu propice à la culture et, pour les nouveaux arrivants, le nom de Nouvelle-Ecosse (Nova Scotia) devint vite celui de Nouvelle Rareté (Nova Scarcity). On ne pouvait se procurer de la nourriture fraîche que pendant le court été et, durant l'hiver, la diète habituelle de viande et de poisson salé était la cause de bien des maladies, surtout du scorbut. Plusieurs Loyalistes, considérant les conditions de vie existantes à Halifax et dans la région, jugèrent que le défi était trop grand à relever; aussi regagnèrent-ils l'Angleterre, pays que leurs ancêtres avaient quitté des années auparavant.

Les Cunard, cependant, furent plus tenaces. Deux événements transformèrent rapidement la vie d'Abraham Cunard. On l'engagea comme charpentier sur les chantiers de construction de navires. C'était là un métier spécialisé, et le salaire était bon. L'événement encore plus important fut la rencontre d'une jeune fille, Margaret Murphy, une Loyaliste du Royaume-Uni, venue de la Caroline du Sud. Autant que tout autre membre peut-être, Margaret allait devenir la source du succès de la famille Cunard. En 1783, Abraham et Margaret se mariaient.

Comme Loyalistes, ils avaient droit à un lopin de terre. Aussi réclamèrent-ils les titres d'un lot situé en périphérie de la ville. Il s'étendait sur le flanc d'une colline élevée. Mais ce qui plaisait particulièrement aux Cunard, c'est qu'il descendait jusqu'au port. Avec le temps, cette propriété allait être très chère à la famille Cunard.

Même si les Cunard habitaient un sol hospitalier, certains dangers les menaçaient. A cause du manque d'hygiène, la variole était une constante menace. Avant que la vaccination ne se généralise, la maladie était souvent fatale.

Tout jeune homme en santé faisait aussi face à un autre danger. Il devait toujours se protéger de l'enrôlement forcé. Une cruelle coutume permettait à un vaisseau de guerre britannique d'envoyer un groupe de matelots parcourir les rues et enlever tout jeune homme qu'ils pouvaient y trouver. Les conditions de vie à bord des navires britanniques étaient si misérables que c'était là la seule manière de recruter des équipages. Dans bien des cas, la malheureuse victime mourait au combat à l'autre bout du monde.

Les flibustiers américains représentaient un autre danger. Guère différents des pirates, ils pillaient les bateaux anglais et, plus d'une fois, débarquaient dans une ville de la Nouvelle-Ecosse, la dépouillaient et la réduisaient en cendres. Bien sûr, les Anglais réservaient le

Halifax en 1832

même sort aux villes et aux vaisseaux américains. Ils se débarrassaient à Halifax des prisonniers qu'ils capturaient, ajoutant ainsi à la confusion générale, au surpeuplement et au banditisme.

Quand le commerce reprit-il entre les Etats-Unis et les colonies de l'Amérique britannique du Nord?

D'un coup, l'animation, l'agitation et la vague de prospérité qu'avait connues Halifax pendant tout près de dix ans cessèrent. On était en 1783. La Grande-Bretagne venait de signer un traité de paix avec les treize colonies américaines. La joie des habitants de la Nouvelle-Ecosse, las de la guerre, se changea bientôt en frustations amères: les orgueilleux vainqueurs américains refusèrent de trafiquer avec la colonie anglaise et la mère-patrie elle-même lui porta un coup fatal en ramenant l'armée britannique en Angleterre, ne laissant à Halifax qu'une faible garnison.

Presque du jour au lendemain s'évanouirent les conditions de vie qui avaient fait de Halifax une ville bourdonnante de prospérité. La pauvreté s'établit dans la région. Nova Scarcity (la Nouvelle Rareté) devint le nom, hélas! trop vrai, désignant la Nouvelle-Ecosse.

Au milieu de la crise qui suivit la guerre, plus exactement le 21 novembre 1787, Margaret et Abraham Cunard saluaient la naissance d'un second enfant, un garçon. On le baptisa du nom de Samuel. Il allait devenir le fondateur d'une compagnie qui, durant plusieurs années, posséderait tous les vaisseaux naviguant au nord de l'Atlantique.

Chapitre 3

La jeunesse

En dépit de la misère qui régnait à Halifax à la fin de la guerre de la Révolution, Abraham Cunard connut la prospérité. Les quatre hectares de la rue Brunswick qui s'étendaient jusqu'au port se révélaient une bonne acquisition, car la ville ayant grandi les entourait maintenant. Abraham Cunard était si habile et inspirait une telle confiance que la marine de l'Etat lui confia l'entier contrôle du bois qu'elle utilisait. Cette responsabilité comportait l'achat du bois et son exploitation. On se servait de ce bois, non seulement pour réparer les bateaux anglais, mais pour construire des chantiers maritimes sur terre. En conséquence, c'était un contrat des plus intéressant et des plus profitable.

Margaret avait été élevée dans une maison aisée, et vivre dans le luxe lui était chose familière. Malgré cela, pendant les jours les plus sombres, elle ne se plaignit jamais et, en peu de temps, l'habileté de son mari et sa connaissance des affaires surent rendre la vie plus facile à toute la famille.

Margaret n'avait qu'un esclave. A cette époque, en Caroline du Sud, cela pouvait signifier des conditions de vie difficiles. Mais, en Nouvelle-Ecosse, il en était tout autrement. La question de l'esclavage ne s'était jamais posée avant l'arrivée des Loyalistes du Royaume-Uni. Certains s'étaient fait accompagner de leurs esclaves. Plusieurs réfugiés noirs étaient venus d'eux-mêmes. En conséquence, en 1787, l'assemblée des députés de la Nouvelle-Ecosse déclara clairement que l'esclavage n'existait pas dans cette colonie. Il en fut de même au Nouveau-Brunswick, à Terre-Neuve et à l'Ile-du-Prince-Edouard. En 1793, le Haut-Canada (l'Ontario) aussi passa des lois contre l'esclavage. Le Canada fut la première colonie de l'Empire britannique à adopter une telle mesure. (Le Parlement britannique n'abolit l'esclavage dans tout l'Empire qu'en 1833.) Margaret perdit alors son seul esclave, mais elle se rendit vite compte qu'engager des serviteurs, même s'il fallait leur payer des gages, était beaucoup plus avantageux que d'avoir des esclaves.

Image illustrant une affiche réclamant le retour des esclaves en fuite

La famille des Cunard comptait neuf enfants et, à n'en pas douter, Margaret avait besoin de toute l'aide qu'elle pouvait trouver.

La mer et ses vaisseaux exerçaient sur Sam, comme chez tout jeune garçon, un pouvoir de fascination. Rien ne l'attirait plus que la vue d'un bateau de guerre se dirigeant, voiles déployées, vers la mer. Les bassins offraient, à peu près toujours, quelques formes de divertissements. Les Antillais et les vieux loups de mer ne demandaient pas mieux que d'échanger les récits de leurs fantastiques aventures de marins et si, les yeux grands ouverts, un jeune garçon se montrait attentif, il était toujours le bienvenu.

Quand Sam atteignit l'âge de six ans, sa ville natale connut un regain de prospérité car la guerre éclata entre la Grande-Bretagne et la France. Sans arrêt, des navires de toutes sortes fréquentèrent le port de Halifax: ceux de la marine marchande, ceux de la poste royale et les baleiniers qui avaient passé deux ans en mer. Des raisons politiques et commerciales avaient poussé le gouvernement britannique à faire du port de Milford Haven, au pays de Galles, le quartier général des baleiniers et, depuis des années, on ne les avait pas vus mouiller à Halifax.

Lisez un récit sur le naufrage du navire La Tribune. *Le capitaine était-il responsable de ce qui arriva?*

Sam ne mit pas de temps à apprendre que la poésie des récits d'aventures sur mer était souvent assombrie par des tragédies. Les navires faisaient naufrage, quelquefois sur la côte avoisinant le port. La *Tribune*, un navire anglais, connut ce sort lamentable. En novembre 1797, dans un épais brouillard, il s'échoua sur les bas-fonds du cap Thrum. La nuit ne permit pas aux riverains de porter secours et les cris perçants des malheureux naufragés ne cessaient pas de se faire entendre. Au matin suivant, 240 hommes, sans compter les femmes et les enfants, avaient péri. On compta seulement huit survivants.

Sam reçut son éducation première à la maison. C'était la coutume à l'époque. Agé de huit ou neuf ans, il fut envoyé à l'école primaire de Halifax où il réussit dans les matières qui l'intéressaient. Peu porté sur l'étude du grec, du latin ou de l'élocution, il fournit peu d'application en ces domaines.

Ses intérêts dominants étaient ailleurs qu'à l'école. A la fois laborieux et économe, il était né avec un sens remarquable des affaires. Il avait demandé à sa mère de lui tricoter une seule chaussette, non pas pour la porter, mais pour l'utiliser comme sacoche. Sam rechercha plusieurs moyens de la remplir. Le premier fut de faire des courses; le second, de ramasser et de vendre des feuilles de pissenlits, un délice pour les gourmets quand elle sont cueillies en début de printemps.

Il avait même trouvé un autre moyen plus rapide de faire de l'argent en fréquentant les nombreuses ventes à l'encan qui avaient lieu sur les quais et en faisant une offre aux marchands pour leurs restes de cargaisons de café ou d'épices. Après avoir enveloppé soigneusement dans des paquets les épices et le café qu'il avait achetés, Sam les vendait de porte en porte.

A sa sortie de l'école, il se trouva, probablement grâce à l'influence de son père, du travail au bureau de l'ingénieur du chantier de bois. Il s'occupait de dessiner et de copier des plans, bon entraînement pour un futur propriétaire de bateaux. Plus tard, pour lui donner une meilleure formation, son père le fit entrer dans le bureau d'un courtier maritime à Boston. Il y demeura trois ans puis revint à Halifax le jour de son vingt et unième anniversaire de naissance.

Le premier jour de son arrivée au bureau, sur le quai, Abraham Cunard prit Samuel par les épaules et lui demanda de regarder dehors par la fenêtre.

Obéissant à son père, Samuel put lire sur la proue d'un voilier le nom suivant: *Margaret.* Sous ce nom, en petits caractères, on avait peint: A. Cunard et fils.

C'était le commencement d'une association qui allait prospérer pendant de longues années.

En 1794, Edward, duc de Kent, militaire et fils du Roi, fut envoyé à Halifax. C'était le commandant en chef des troupes britanniques de la garnison. Sa présence fournissait un autre apport pittoresque à la vie de la ville. La vue de ce grand homme bien tourné, revêtu de son brillant uniforme et inspectant son régiment, électrisait l'imagination d'un jeune garçon.

Chapitre 4

La guerre de 1812

Pour la plupart des gens, la guerre est synonyme de souffrances et de chagrins. Mais à quelques privilégiés elle apporte la chance et la fortune. Ce fut le cas pour la société A. Cunard et fils.

Depuis plus de vingt ans, la Grande-Bretagne était engagée dans une guerre contre la France au cours de laquelle cette dernière, sous la direction de Napoléon Bonaparte, avait conquis toute l'Europe de l'Ouest. Les forces armées de Napoléon étaient invincibles sur le continent; celles de la Grande-Bretagne l'étaient aussi sur la mer.

La flotte britannique, cependant, s'engagea dans des manoeuvres plus que douteuses qui con-

Napoléon Bonaparte, en 1814

tribuèrent à étendre les activités guerrières jusqu'au Canada. Certains marins anglais avaient déserté et s'étaient engagés sur des navires marchands américains. Les Anglais en tirèrent prétexte pour arrêter les bateaux américains en haute mer et faire prisonnier tout marin qu'ils soupçonnaient d'être anglais. Tant pis s'ils se trompaient et si le matelot capturé était un Américain. Ce n'était là que le sort des armes et les Anglais refusaient de s'excuser. En fait, ils se rendirent coupables, en particulier, d'une brutale atrocité en exécutant publiquement deux matelots dans le port de Halifax.

Bien sûr, les Américains se montraient amers devant une si criante provocation. Les Anglais, cependant, s'en balançaient et continuaient leurs tyranniques activités. Cela ne pouvait que mal tourner. En 1812, les Etats-Unis déclarèrent la guerre à la Grande-Bretagne.

Canon marin à courte portée

Le texte ne signale pas certains facteurs qui ont conduit à la déclaration de guerre de 1812. Quels sont-ils?

Le Shannon *et le* Chesapeake *entrent au port de Halifax le 6 juin 1813.*

Engagée dans un combat à finir avec Napoléon, la Grande-Bretagne se voyait forcée de prendre un risque calculé. Il lui était impossible de défendre tout son empire. Halifax fut laissé sans défense. Dès la déclaration de guerre, les troupes américaines envahirent le Canada. Mais, pire encore que l'invasion, il se produisit une série de victoires des vaisseaux américains sur ceux des Anglais.

La flotte britannique mit un cartain temps avant de rétablir sa suprématie. Un des combats les plus violents de la guerre navale s'engagea entre le vaisseau de guerre *Chesapeake* des Américains et le *Shannon* des Anglais. Le premier avait remporté une éclatante victoire sur un vaisseau britannique. Le capitaine du *Shannon*, considérant cette défaite comme une humiliation pour l'orgueil britannique, mit voile sur Boston et défia le *Chesapeake* au combat.

Le capitaine Lawrence du *Chesapeake* releva le défi et quitta le port. Le capitaine Broke du *Shannon* avait entraîné ses hommes au point de les transformer en machines de combat impitoyables et, en quelques minutes, l'engagement prit fin. Le *Chesapeake* était détruit et son capitaine tué. Le capitaine Lawrence, sur le point de mourir, donna l'ordre suivant qui devint la devise de la marine des Etats-Unis: "N'abandonnez pas le navire".

A Halifax, la famille Cunard tirait profit de l'état de guerre. La prudente réserve d'Abraham et le flair de Samuel pour les affaires assuraient à leur compagnie une croissance commerciale ininterrompue. Le moment était bien choisi pour se procurer des vaisseaux à des prix réduits. Au *Margaret* vint s'ajouter le *Nancy*, un élégant sloop français, qu'ils achetèrent à l'encan. On utilisait le *Nancy* pour le commerce du sucre et de la farine le long du Miramichi. L'acquisition suivante, le *White Oak*, était un "square-rigger" américain qui, selon l'annonce de la compagnie, offrait de bonnes commodités aux passagers. En 1813, il fut le premier vaisseau de la flotte Cunard à traverser en convoi l'Atlantique, en route pour Londres.

Pendant un certain temps, il sembla que le flot d'or qui coulait dans Halifax ne tarirait jamais. A part quelques pertes en mer, peu de gens furent vraiment impliqués dans un véritable combat. Les profits qu'on faisait aux Antilles dans la vente du poisson séché et l'achat du sucre et de la mélasse étaient énormes.

Ce n'était pas seulement sur mer que la compagnie A. Cunard et fils connaissait la prospérité. La sagesse du geste accompli par Abraham Cunard et sa femme en se procurant la propriété qui descendait jusqu'au rivage était maintenant manifeste. Le quai Cunard devint l'un des plus occupés de tout le port. Il jouissait d'une des meilleures réputations à Halifax, et pour la construction et pour la réparation des navires. Le père et le fils étaient tous les deux énergiques, sûrs et bien informés sur les navires de haute mer.

En 1814, Sam connut deux événements importants. Abraham confia à son fils la direction de la compagnie, et le nom de ce qui allait devenir pendant des années le leader indiscuté du nord de l'Atlantique vit le jour: S. Cunard and Company.

Au cours de la même année, Sam rencontra Susan Duffus, la fille d'un riche marchand. M. Duffus s'était établi à Halifax à titre d'importateur de tissus d'Ecosse, son pays natal. Il ouvrit alors une élégante boutique de tailleur et fit fortune en fournissant des uniformes aux officiers britanniques. A peine âgé de 27 ans, Sam se voyait déjà membre de cette riche classe de marchands, et citoyen en vue. C'était la mode à l'époque de s'enrôler dans la milice. Le "brillant . . . jeune homme aux yeux perçants, aux lèvres fermes et aux bonnes manières" posa ce geste audacieux et fut nommé capitaine du remarquable 2e régiment de milice de Halifax. Il allait devenir plus tard le colonel de ce régiment.

Susan et Sam se marièrent en 1815 (Susan avait alors 20 ans) et habitèrent une maison de quatre étages que Sam avait construite près de celle de ses parents, rue New-Brunswick. Susan était généreuse et gentille. Elle fit de sa maison un foyer amical et hospitalier qui devint rapidement un des centres élégants de la vie sociale à Halifax.

Les uniformes anglais durant la guerre de 1812

Un général *Un capitaine*

Le courrier postal Overland

Chapitre 5

La paix fut rétablie en 1814 entre l'Amérique et la Grande-Bretagne, provoquant une dure récession à Halifax et dans toute la Nouvelle-Ecosse. Une fois de plus, les marins et les soldats qui encombraient les rues étaient partis. Bien sûr, ils étaient bruyants et chahuteurs, ils se soûlaient et se bagarraient. Mais leur présence avait fait qu'une source constante d'argent avait alimenté les goussets de Halifax.

William Duffus, le beau-père de Samuel, était une des victimes de cette dépression économique. Tout son commerce reposait sur l'approvisionnement d'uniformes pour les officiers anglais. A cause du retrait des forces britanniques, Duffus n'avait plus de clients.

Comme bien des gens en de semblables circonstances, sa femme et lui étaient trop fiers pour accepter de l'aide. Madame Duffus ouvrit une maison de pension, espérant ainsi assurer la survivance du couple. Ce fut un échec et les beaux-parents de Samuel n'eurent pas d'autre choix que d'accepter de la part de celui-ci une pension annuelle de 300 livres.

Les propres parents de Samuel avaient quitté leur maison de la rue New-Brunswick pour aller vivre sur une grande ferme qu'il leur avait achetée. Même si le nom de la compagnie avait été changé en celui de S. Cunard and Company et que les frères de Samuel, Henry et Joseph, étaient ses associés, on a toujours su lequel d'entre eux dirigeait. La flotte des Cunard comptait maintenant trente navires et Samuel était décidément en train de devenir un homme extrêmement riche.

En plus d'être un homme d'affaires habile, Samuel possédait l'élan qui le poussait à prendre des chances pour ensuite en récolter les bénéfices. Une première preuve de cela est sa décision de soumissionner en vue de décrocher du gouvernement le contrôle du transport aller retour du courrier des Bermudes.

Bien que minces, les profits étaient réguliers. Samuel discuta de la chose avec son frère Henry. Le problème était de savoir comment faire parvenir le courrier de Halifax à Québec. Le transporter par voiliers restait une entreprise lente et problématique. C'est alors que Samuel pensa à autre chose.

Son frère et lui se rendirent compte qu'il ne se posait aucun problème à faire parvenir le courrier des Bermudes à Halifax. Le reste du voyage, cependant, était sans précédent comme service postal.

Des chevaux très rapides étaient déjà sur le quai quand le voilier de course entra au port de Halifax. Le navire n'avait même pas accosté qu'on lança les colis postaux de première classe aux cavaliers qui se mirent immédiatement en route et traversèrent la Nouvelle-Ecosse en direction d'Annapolis.

Décrivez un voyage à bord du Overland Express. Qu'était le Pony Express?

Là on confia le courrier à un autre rapide voilier qui le transporta à travers la baie de Fundy jusqu'à Saint-Jean. Puis on le remit à des canotiers qui remontèrent l'imposante et magnifique rivière Saint-Jean à peu près jusqu'à sa source. Enfin, on le transporta à pied jusqu'à la ville de Québec d'où une diligence le porta à sa destination finale.

La soumission fut acceptée. Ce fut là le premier d'une série de contrats que la S. Cunard and Company signa avec le gouvernement britannique.

Le succès du service postal Overland donna naissance à une autre expérience qui, cette fois, fut infructueuse. Depuis des années, les gens de Halifax avaient manifesté le désir de construire un canal, à partir de la baie de Fundy jusqu'à l'Atlantique, pour qu'on puisse desservir par bateau la quasi totalité de la Nouvelle-Ecosse, à un prix très avantageux. Quelques marchands formèrent la compagnie du canal de Shubenacadie dont Samuel Cunard fut le vice-président. Le projet était voué à l'échec. Non seulement était-il très coûteux, mais il impliquait le creusage d'un canal de 85 kilomètres de longueur.

De plus, ce n'était pas une mince entreprise que de mater les marées de quinze pieds de hauteur de la baie de Fundy. Les écluses gondolaient en hiver, et un barrage érigé pour retenir l'eau s'écroula. La compagnie fit faillite. Samuel y perdit 1 000 livres mais, aucunement découragé, il se lança aussitôt dans une autre aventure.

La pêche à la baleine et les baleiniers l'avaient toujours intrigué. L'industrie prospère de cette pêche en Nouvelle-Ecosse, commerce que la Grande-Bretagne avait retiré au Canada plusieurs années auparavant, n'avait jamais connu la prospérité dans le Royaume-Uni, et on avait laissé tomber la pêche à la baleine à Milfort Haven. La seule véritable compétition dans ce commerce provenait de Nantucket, au Massachusetts, dont les soixante-dix baleiniers détenaient un quasi monopole mondial.

En 1817, le premier baleinier de la ligne Cunard prit la mer. On l'appela le *Rocket* et on l'envoya au détroit de Belle-Isle. Le voyage connut un complet échec. Après avoir navigué dans ces parages pendant des mois, il ne ramena au port que 90 barils d'huile. Le propriétaire allait être encore plus frustré: le *Rocket* périt avec son huile lors d'une tempête sans qu'il n'y eut cependant de perte de vie.

Cet insuccès ne découragea pas Samuel. En 1818, on envoyait, au sud de l'Atlantique, le *Prince of Wales.* Cette fois, le navire revint à bon port, mais avec une cargaison d'huile à peine suffisante pour couvrir les frais de l'expédition.

Samuel fit prendre la mer à un autre baleinier. Il se rendait compte maintenant que seule la région du sud du Pacifique était avantageuse à exploiter. Afin d'effectuer un voyage économiquement rentable, les baleiniers devaient demeurer au moins trois ans dans les parages fréquentés par les baleines. L'expédition se révéla payante et la pêche à la baleine prit sa place comme autre source de richesse pour S. Cunard and Company.

Chapitre 6 Joseph, le frère de Sam

Samuel avait peu de traits de caractère en commun avec son frère Joseph. La famille Cunard, cependant, demeura unie et, sous la conduite de Samuel, cette solidarité contribua à assurer leur prospérité.

Pour fournir à ses chantiers de construction une source constante d'approvisionnement en bois, Samuel détenait des droits de coupe sur de larges étendues de forêt. La plus riche d'entre elles se trouvait près de la baie de Miramichi, sur la côte est du Nouveau-Brunswick. La rivière Miramichi est située au sud de la baie des Chaleurs, non loin de Halifax.

En 1820, Samuel Cunard envoya ses deux frères sur la Miramichi pour y établir, à Chatham, une succursale de la S. Cunard and Company. Cette succursale devait approvisionner en bois les chantiers de Halifax.

Mais Joseph, loin du bureau central, laissa voir des traits de caractère insoupçonnés. Très vite il devint le personnage important et Henry, éclipsé en quelque sorte et sans contact avec le public, se retira peu à peu.

La ballade suivante montre bien ce que les gens de la Miramichi pensaient de Joseph au tout début de sa carrière.

De Halifax Joe Cunard nous venait.
Au chantier maritime son père travaillait.
Mais son frère Sam les voisins épatait:
Ils voyaient en lui un millionnaire tout fait.
Car Sam faisait de l'argent et aimait risquer,
S'enrichissant grâce à ses fins voiliers.
Il devint un maître de l'industrie
Et envoya ses frères à la Miramichi.
Un jour de juin on les vit arriver
Et depuis lors Chatham a progressé.
Henry vint d'abord à Woodburn Hill
S'établir ici, à un mille de la ville.
Mais Joseph jouait au grand seigneur des bois,
Et dans un style fort prétentieux, ma foi!
Il meubla avec un luxe bien sûr exagéré
La maison bâtie par les Henderson pour le Dr Key.
La harpe côtoyait les chandeliers,
Les chaises d'acajou et les livres de cuir reliés.
Les paons marchaient sur son terrain

Qu'on cultivait dès le petit matin.
Sur la route qui conduisait au portique de l'entrée
On voyait Joe Cunard dans son carrosse et sa domesticité.
Six par année, c'est des bateaux!
Mais combien d'autres sortirent d'England's Hollow:
Des voiliers faits de sapin et d'"hackmatack"
A Richibucto tout comme à Kochibouguac!
Des chantiers de Bathurst sortaient les bateaux
Qui venaient grossir la fortune de Joe.
Faisant chantier l'hiver et commerçant l'été,
Une grande fortune il a vite édifiée!
Quinze cents personnes, on le tient pour certain,
Gagnaient chez Joe leur pain quotidien.

Un grand nombre de gens montrèrent de l'admiration, au début de la carrière de Joseph, pour les acti-

La région Miramichi/Chatham

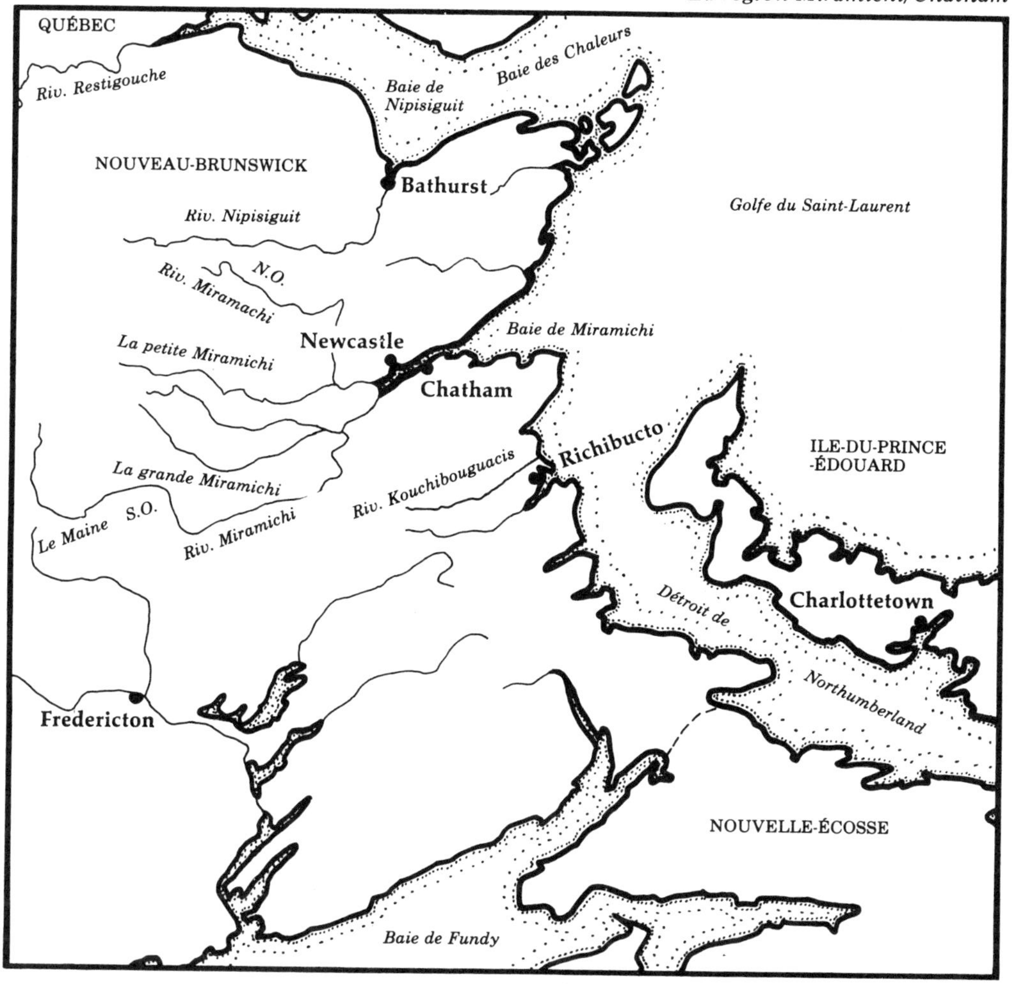

vités qu'on allait plus tard critiquer sévèrement. Il était extravagant et téméraire et de telles qualités étaient des atouts en période de prospérité économique. Malheureusement, en temps de crise, les mêmes qualités pouvaient mener à la faillite. Mais le pire ne viendra que bien plus tard. Pour l'instant, Joseph allait de succès en succès.

Cette ballade décrivant la magnificence de la maison que Joseph acheta à Chatham n'a rien exagéré. Le jardin couvrait un lot assez grand pour contenir un îlot de maisons de ville et des paons multicolores se pavanaient orgueilleusement sur les pelouses bien entretenues. Une des particularités les plus frappantes de la maison, c'était la magnifique bibliothèque. Dieu seul sait combien de temps Joseph y passa en compagnie de ses livres. Comme le chante la ballade, il dépensa une fortune à meubler sa maison: il avait importé d'Europe des chandeliers de cristal et les meubles étaient faits sur mesure à Boston.

Joseph se faisait conduire à ses sorties officielles dans son carrosse à quatre chevaux, conduit par un cocher qui occupait le siège avant et deux laquais qui se tenaient à l'arrière. Pour ses autres sorties, il préférait s'élancer sur son énorme cheval blanc. C'était un homme bien bâti mesurant 1,80 m de hauteur et pesant près de 90 kg. Ses deux pistolets enfoncés dans chacune de ses hautes bottes, il avait fière allure en traversant, au grand galop, les rues du village.

Joseph aimait la vie qu'il menait. Il se complaisait dans l'admiration que lui prodiguaient ses employés. De s'assurer sa pleine part des louanges du public lui demandait un certain art de la mise en scène. Au retour de chacun de ses nombreux voyages en Angleterre, il ne manquait pas de passer la nuit à Richibucto, mais il faisait connaître aux gens de Chatham l'heure de son arrivée.

Ceci donnait aux gens de la ville l'occasion de lui préparer une réception digne de lui. On allumait des feux de signalisation, on tirait du canon et une foule d'amis allaient à sa rencontre à cheval. Lors d'un tel événement, on forma un cortège de mécaniciens, de forgerons, de gabiers, de charpentiers et d'autres hommes d'affaires et on lui présenta un rouleau de parchemin sur lequel on faisait son éloge comme sauveur de Miramichi.

Rien ne pouvait arrêter Joseph d'ouvrir de nouvelles industries. Tout en fournissant les chantiers de Halifax du bois nécessaire à la construction de navires, il lança à son propre compte une industrie semblable qui devint très florissante.

Les navires qui sortaient des chantiers de Miramichi étaient magnifiques. Un d'entre eux, le *Sword Fish*, avait été construit uniquement de bois de mélèze. Il effectua en un temps record de 25 jours un voyage entre Liverpool et Pernambucco. A son retour, il mit trois jours de moins, établissant un nouveau record qui dura des dizaines d'années.

L'empire commercial de Joseph devint colossal. Il ouvrit son propre bureau de comptabilité qui comptait plus de 30 personnes. Il construisit des manufactures, des briqueteries et des chantiers de construction de navires. Son commerce d'exportation et d'importation devint lucratif. Le revenu de ses ventes de poisson et de bois en Angleterre lui permit d'acheter des marchandises anglaises qu'il vendit au Canada. On rapporte que lorsqu'il était à l'apogée de sa prospérité au moins deux cents navires affluaient au port de Chatham.

Si, à certains moments, Joseph savait être aimable et même gentil, en d'autres circonstances, il pouvait devenir tout à coup cruel et vindicatif. Il se montrait âpre au gain et pingre pour certaines choses; mais pour d'autres, comme sa maison par exemple, il dépensait avec prodigalité. Certaines personnes l'aimaient, d'autres le détestaient.

Parfois même, la chance semblait favoriser Joseph. Quand Samuel Cunard avait obtenu ses droits de coupe de bois le long de la Miramichi, on lui avait reconnu les terres situées sur la rive sud seulement. Tout le terrain occupant la rive nord avait été loué à ses compétiteurs, Gilmour et Rankin. En pareil cas, la rivalité risquait de susciter des querelles susceptibles d'engendrer des batailles et des émeutes. Lorsqu'il faisait affaire avec ses concurrents, Joseph se montrait de la dernière arrogance.

Pensez-vous que Samuel Cunard était au courant de la façon de procéder en affaires de son frère Joseph? Si oui, pourquoi?

L'automne de 1825 avait été particulièrement sec. Cette année-là, un certain jour d'octobre, le feu prit naissance dans la forêt. De tels feux s'allumaient souvent et l'on porta peu d'attention à celui-ci jusqu'à ce qu'il fût trop tard pour l'éteindre. Soudain un vent du nord-ouest se joignant à la sécheresse activa, en un rien de temps, un feu qui se répandit avec une rage terrifiante. Il se propagea à la vitesse de l'ouragan et rasa les deux villes de Newcastle et Douglastown. Les victimes, frappées d'horreur, furent cernées, enveloppées par les flammes. La rivière semblait être la seule place sûre: les gens et les animaux y entrèrent aussi loin qu'ils purent. Pris au milieu du troupeau, qui fuyait en désordre, courait un gros ours noir, qui se retira tranquillement le danger passé. Il fut chanceux de s'en tirer indemne car la chaleur était tellement suffocante que les saumons du ruisseau étouffaient sous la pluie de cendres ardentes qui leur tombait dessus.

Le feu dévasta 136 km de forêt et de cent à deux cents personnes y laissèrent leur vie.

La superficie détruite fit presque laisser croire qu'un charme semblait protéger la vie de Joseph: le feu s'était confiné entièrement à la rive nord, superficie qu'avaient louée Gilmour et Rankin. Le bois, les quais, les édifices, les bateaux, tout ce qui appartenait aux rivaux de Joseph était détruit.

Par la suite, la chance de Joseph allait tourner. Qu'elle ait cependant duré 28 ans reste un fait étonnant. Durant tout ce temps, avec insouciance, Joseph s'embarqua dans toutes sortes de contrats d'affaires. S'il était engagé dans plus de marchés que n'importe qui, c'est qu'il semblait peu intéressé de savoir si le marché était, oui ou non, à son avantage. Tôt ou tard de telles méthodes en affaires ne peuvent que conduire à la faillite.

En 1848, il retourna pour la dernière fois à Chatham. Toujours comme autrefois, une foule l'y attendait. Mais cette fois, elle était mal disposée et le moindre geste malheureux aurait pu provoquer une émeute. Le commerce sur la Miramichi n'allait plus. Presque tout le monde était sans travail. A tort ou à raison les gens blâmèrent Joseph.

Finalement, Joseph, monté sur son cheval blanc, s'élança vers la populace. Les pistolets rentrés dans ses longues bottes laissaient voir leur canon. Ne regardant ni d'un côté ni de l'autre, il se dirigea droit sur la foule. A contrecoeur, elle lui céda le passage et le laissa gagner un navire qui l'attendait.

Il ne revit jamais plus la Miramichi. La maison qu'il possédait sur Water Street, à Chatham, est toujours là, même si le riche ameublement et les paons en sont disparus depuis longtemps.

Samuel fit preuve de respect pour l'honneur familial en assumant les lourdes dettes de Joseph. Même si elles constituèrent une forte saignée financière pendant de nombreuses années, Samuel finit par payer, jusqu'au dernier cent, les dettes de Joseph.

Joseph Cunard

Chapitre 7

Le principe de la vapeur et les premiers navires à vapeur

Ayant passé l'âge de la pleine maturité, Samuel Cunard était un homme qui avait très bien réussi. Bien des gens, à cet âge, envisagent de se retirer ou, tout au moins, prennent les moyens de mener une vie plus facile.

Si Cunard s'était retiré à ce moment, au sommet de sa réussite, seule, aujourd'hui, sa famille se souviendrait de lui. Mais les plus grands triomphes que devait connaître Samuel Cunard restaient à venir, triomphes qui allaient rendre son nom synonyme de transport océanique à travers le monde.

A cette époque et depuis plusieurs années, la compagnie S. Cunard possédait une flotte de voiliers qui desservaient complètement la côte est et les Antilles. Elle avait aussi réussi à rétablir l'industrie de la pêche à la baleine en Nouvelle-Ecosse. Commerce en lui-même très lucratif, la pêche à la baleine était aussi pour les travailleurs de la Nouvelle-Ecosse une source d'emplois. Cependant, Joseph Howe, vieil ami de Samuel et grand homme d'Etat de la Nouvelle-Ecosse s'opposa à l'existence de cette dernière compagnie disant qu'elle constituait un monopole. Cunard répondit qu'il vendrait volontiers tous ses baleiniers si Howe pouvait procurer un autre emploi à ses matelots. Ce dernier, bien sûr, ne releva pas le défi.

Quels argements contre les monopoles dans l'industrie? D'après la loi canadienne actuelle sur les monopoles, laisserait-on se développer un empire commercial aussi vaste et aussi varié que celui de Samuel Cunard?

Une autre source de richesse et de puissance pour la compagnie résidait dans la possession de vastes forêts de coupes de bois. Cette provision de bois d'excellente qualité signifiait, pour elle, la possibilité de construire les bateaux de bois de l'époque. Un nombre presque incalculable de ces voiliers sortaient des chantiers de construction de la compagnie S. Cunard.

Le phare de Peggy's Cove, en Nouvelle-Ecosse

Le phare de Point Prim, à l'Ile-du-Prince-Edouard

Le contrat du transport du courrier pour le gouvernement britannique, des Bermudes à Boston, Halifax et Québec, s'était avéré un très grand succès. Il incita Cunard à s'en assurer d'autres.

Avec l'âge, ses affaires de même que ses intérêts personnels et familiaux prirent un grand essor. Au nombre de ses multiples nominations figure celle de commisionnaire du réseau de phares. A ce titre, il était responsable de la construction de plusieurs phares sur la côte perfide. Le plus fameux des phares construits par Cunard fut celui de l'Ile-au-Phoque, endroit qu'on avait jusqu'alors baptisé de "Le Tueur".

On le nomma préfet des incendies des faubourgs situés au nord de la ville. Il fut aussi élu administrateur d'une organisation charitable qui s'occupait des immigrants indigents. Il fut encore un des fondateurs de la banque Cogwell. Et, comme si tout cela ne suffisait pas, on le nomma au Conseil législatif de la Nouvelle-Ecosse.

Samuel se dévoua toujours à sa famille. Après la mort de sa femme en 1828, il eut à faire face au problème d'élever ses sept filles et ses deux garçons. Heureusement, sa belle-mère lui vint en aide. De son côté, Mme Duffus ne sentit plus qu'on lui faisait la charité: elle accomplissait une tâche des plus importante, celle d'élever les enfants.

Les idées de Cunard sur une éducation adaptée aux besoins se lisent clairement dans une lettre qu'il écrivit au directeur d'une école où il envoyait ses deux jeunes frères:

"Si vous croyez qu'il en vaut mieux ainsi, je n'ai aucune objection à ce que Henry et Thomas apprennent le latin. Je crois vous avoir signifié dans ma dernière lettre la seule raison que j'invoque pour ne pas vous demander de leur enseigner le latin: ils se destinent aux affaires, et une simple éducation en anglais répond à leurs besoins".

Parmi tout ce qui l'intéressait se trouvait la mer, son premier amour. Mais que la conduite de ses navires pût dépendre d'un élément aussi variable que le vent répugnait à son esprit méthodique. Il utilisait souvent le terme de "chemin de fer océanique" pour laisser entendre que l'exactitude des trains devait aussi s'appliquer aux navires.

Il était à peu près inévitable que, tôt ou tard, Samuel en vint à trouver, dans l'utilisation du navire à vapeur, la solution au problème de la navigation. Quand il délaissa les voiliers pour se convertir enfin à l'idée des navires à vapeur, son énergie et ses efforts furent garants de son succès.

L'idée du navire à vapeur n'est pas venue de Samuel Cunard. En effet, James Watt avait inventé la machine à vapeur depuis déjà 1769. L'invention du train devait fatalement conduire à l'invention du navire à vapeur.

Dès 1807, le *Clermont*, navire à vapeur construit par Robert Fulton, avait franchi, sur la rivière Hudson, la distance entre Albany et New-York. De plus, le voyage s'était déroulé selon un horaire très précis.

En 1809, le *Accommodation* de John Molson, autre navire à vapeur, fit le voyage de Montréal à Québec. Un journal de l'époque fit la description du premier voyage de ce navire. D'une façon plutôt généreuse, il n'évalue qu'à 36 heures le temps qu'il mit pour se rendre de Québec à Halifax. Voici le texte:

"Le navire à vapeur "Accommodation" a accosté avec ses dix passagers. Il fut instantanément envahi par les visiteurs. Ce navire à vapeur reçoit sa force de poussée d'une roue verticale à rais découverts, placée de chaque côté, mais sans bandage ou jante; au bout de chaque double rai est installée une pièce de bois de forme carrée qui entre dans l'eau et qui, sous l'effet d'une action rotative, se comporte comme une aube. Ni vent ni marée ne peuvent l'arrêter. Le prix du passage est de neuf dollars pour l'aller et de huit pour le retour".

Trois ans plus tard, on construisait, en Grande-Bretagne, le premier bateau à vapeur, le *Comet*.

Fait à noter, tous ces navires à vapeur ne voyageaient que sur des rivières ou sur des voies d'eau intérieures. Il n'était pas question de risquer des vies et des bateaux dans une tempête au nord de l'Atlantique. Ces navires à vapeur étaient actionnés par des roues à aubes et l'on craignait qu'une seule vague ne les réduise en miettes. En 1819, cependant, le *Savannah* mit 29 jours à traverser l'Atlantique, mû à la vapeur au début et à la fin de son voyage.

Personne ne peut certifier le nom du premier navire qui traversa l'Atlantique uniquement mû à la vapeur. Peut-être que le *Calpe*, construit à Bristol et vendu aux Pays-Bas, peut sans mentir revendiquer l'honneur de cet exploit. Il arriva en Amérique du Sud en 1827 après avoir été transformé en navire de guerre. Il effectua probablement plusieurs voyages transatlantiques. Le *Curacao*, c'est ainsi qu'il fut rebaptisé, fit peu pour promouvoir l'utilisation de la vapeur comme force motrice sur l'océan.

Robert Fulton

Le navire qui fut le premier à stimuler l'utilisation généralisée des navires à vapeur pour les traversées océaniques fut le *Royal William.* Il fut construit à Québec et ses moteurs furent installés à Montréal en 1830. Le nom de Samuel Cunard venait en tête de la liste de ses 144 actionnaires. Les noms de ses frères Joseph et Henry y figuraient aussi.

John Molson

L'Accommodation

Au début, il ne devait servir de moyen de communication qu'entre Québec et Halifax. Après qu'il eut effectué avec succès plusieurs voyages à Boston, ses armateurs décidèrent de le vendre à l'Angleterre. Le 5 août 1833, il mit le cap sur Londres. Sur les quais de Halifax, Samuel Cunard se montra l'un des spectateurs les plus intéressés et il écrivit cette description à propos du navire:

Le ROYAL WILLIAM, 363 tonnes, 36 hommes, John McDougall, maître à bord. En partance pour Londres, navire anglais. Cargaison: 253 chaudières à charbon, une caisse d'animaux empaillés et six mats fabriqués dans cette province. Une caisse et une malle, du mobilier de ménage et une harpe. L'équipage est anglais, ainsi que sept passagers.

Le navire affronta le gros temps de Terre-Neuve et fit une voie d'eau. Mais le capitaine le garda en route et, même si son moteur de tribord fit défaut, il arriva à Londres 25 jours après son départ du Canada.

Plus que tout autre, ce voyage marqua le début de la compétition pour les traversées transatlantiques.

Le sort final du *Royal William* offre certaines similitudes avec celui d'un autre navire canadien renommé, le *Bluenose.* Ce voilier pratiquement invincible, dont l'effigie marque l'envers de nos pièces de dix cents, fut vendu comme cargo et périt non loin d'Haïti. Le *Royal William*, vendu à l'Espagne et converti en navire de guerre, fut rebaptisé *Isabel Segunda.* Il peut vraiment se vanter d'une autre distinction: ce fut sur ses ponts que l'on tira du canon pour la première fois d'un navire à vapeur.

Le Bluenose II

Le Royal William

Chapitre 8 La grande course aux navires à vapeur

La traversée de l'Atlantique effectuée par le *Royal William* en 1833 excita l'imagination de bien des gens en Amérique du Nord et en Europe. Cet exploit ouvrit la voie à d'incroyables possibilités pour la navigation et le commerce. Il allait manifestement influencer, directement ou indirectement, la vie de millions de personnes.

Mais tout le monde n'était pas convaincu. Un homme de science anglais, du nom impressionnant de docteur Dionysius Lardner, prouva, à sa propre satisfaction, l'impossibilité d'aller de Londres en Amérique avec la vapeur comme seule force motrice. Il prétendit que l'énergie fournie par les chaudières à charbon ne serait pas suffisante pour vaincre le mouvement de rotation de la terre et les vents dominants de l'Ouest. Les chauffeurs qui devaient alimenter les chaudières devraient le faire sans arrêt, ce qui les ferait mourir d'épuisement.

Evidemment, les théories du docteur Lardner ne surent pas convaincre grand monde.

Trois sociétés, à savoir: la British and American Steam Navigation Company, la Great Western Steamship Company et l'Atlantic Steamship Company se hâtèrent de construire des navires à vapeur qui allaient être mûs par des roues placées sur les côtés. Deux d'entre eux, le *Great Western* et le *Liverpool*, effectuèrent respectivement leur premier voyage au printemps et à l'automne de 1838. Un troisième, le *British Queen*, monstre marin long de presque 90 m, traversa l'Atlantique pour la première fois l'année suivante.

Parce que la British and American Steam Navigation Company, qui avait construit le *British Queen*, savait qu'elle ne pouvait pas le lancer à temps pour entrer en compétition avec le *Great Western*, elle affréta un petit navire à vapeur, le *Sirius*, qu'on avait utilisé comme caboteur irlandais et lui fit mettre le cap sur New-York quatre jours avant la traversée du *Great Western*. Le *Sirius* arriva au port avez douze heures d'avance.

En dépit de cela, quand le *Great Western* jeta l'ancre au port de New-York en avril 1838, il reçut un accueil tumultueux. Les canons du port tirèrent 26 coups pour le saluer et l'on n'avait pas connu pareille excitation depuis la guerre de 1812.

Pendant ce temps, Samuel Cunard s'irritait de plus en plus de la lenteur que mettaient les voiliers à lui apporter d'Angleterre le courrier qui devait être ensuite transporté à Terre-Neuve, à Boston et aux Bermudes sur ses propres goélettes. Son impatience et un incident qui se produisit dans le nord de l'Atlantique le poussèrent à se lancer dans la construction de navires à vapeur.

West Nipissing Public Library

En avril 1838, alors que le *Sirius* revenait de son historique voyage à New-York, le *Tyrian*, voilier de la flotte des Cunard, quitta Halifax en route vers Londres. Deux des hommes les plus influents de la Nouvelle-Ecosse se trouvaient à bord. L'un était le juge Haliburton, gentilhomme de belle apparence, esprit cultivé, écrivain célèbre. L'autre était Joseph Howe qui, plus que toute autre personne, procura l'autonomie politique complète à la Nouvelle-Ecosse et au reste du Canada.

En quoi la figure de proue du Sirius était-elle appropriée?

Au milieu de la traversée de l'Atlantique, le *Tyrian* se berçait mollement sur les vagues de la mer. Il était encalminé au milieu de l'océan, ce qui arrivait assez fréquemment aux voiliers. Soudain, à l'horizon, les passagers ennuyés aperçurent une tache de fumée noire. C'était le *Sirius*.

Howe écrivit: "Il arriva, l'allure fière, avec la vitesse d'un chasseur, pendant que nous nous déplacions avec la rapidité d'un char à boeufs chargé de bourbe.

Le capitaine du *Tyrian* donna un signal au *Sirius* qui aborda son navire. Tous les passagers du *Tyrian* se rassemblèrent sur le pont pour contempler l'étrange petit navire avec sa haute cheminée fumante et sa figure de proue ornée d'un chien et d'une étoile. On

Joseph Howe

transporta les sacs de courrier sur le *Sirius* et, en un rien de temps, il avait disparu à l'horizon. C'était là le début d'une nouvelle époque.

Cet événement impressionna tellement Howe que,dès qu'il eut accosté à Londres le 29 mai, il s'empressa d'aller raconter le tout à son ami Samuel Cunard (Le lendemain, Cunard devait revenir à Halifax). Howe le pressa d'agir rapidement et de cons-

Robert Napier

truire des navires à vapeur. Ainsi, Cunard ferait fortune et le port de Halifax deviendrait, au grand avantage de la ville, le terminus ouest de la navigation.

Depuis longtemps Samuel Cunard y songeait. Peu après sa rencontre avec Howe, il fit voile vers Halifax. Le voyage de retour prit plus d'un mois et, lorsque le navire accosta le quai, Cunard était convaincu de la supériorité des vapeurs!

Mais Samuel Cunard n'avait pas fait sa fortune en se lançant aveuglément dans la première entreprise venue. Il préférait agir avec prudence. Il n'était pas encore pleinement convaincu. Après tout, deux seuls navires à vapeur avaient effectué des traversées heureuses de l'Atlantique. Il nourrissait ses propres idées et sur la sorte de navire à construire et sur les moteurs qu'il nécessiterait.

Il espérait débuter par la construction de quatre navires; mais les armateurs de la Nouvelle-Ecosse se montraient réticents à risquer tant d'argent. De plus, deux des baleiniers de sa flotte étaient en retard depuis longtemps. Peut-être était-il rendu au bout de sa corde? Il jeta un coup d'oeil du côté de Boston, où il vit le port rempli de magnifiques voiliers de course américains. Aucun armateur de l'endroit n'aurait voulu les échanger contre un navire à vapeur fumeux et malodorant.

Les Anglais ouvrirent le premier bureau de poste au Canada à Halifax en 1755. Quand le Canada émit-il des timbres-poste à bon marché?

Il patienta. Il avait entendu parler de l'introduction en Angleterre d'un service postal (penny post) à deux sous, ce qui allait signifier une forte augmentation du volume du courrier. Il avait aussi entendu dire que le bureau des postes anglaises voulait donner à contrat toute la distribution de son courrier.

Finalement, l'Amirauté fit paraître dans les journaux londoniens des demandes de soumissions pour le transport mensuel du courrier de Londres à Halifax et New-York. Quand les journaux parvinrent à Halifax, la date limite pour les offres de soumissions était passée depuis deux mois.

Samuel était convaincu qu'aucune autre compagnie n'avait obtenu le contrat; il s'embarqua immédiatement pour l'Angleterre. Il arriva à Londres en janvier 1839.

Ses prévisions étaient justes: on avait accordé un sursis pour l'acceptation des soumissions. Deux autres compagnies, les propriétaires du *Great Western* et du *Sirius*, avaient présenté leurs soumissions; mais l'Amirauté, qui n'était pas satisfaite de ces deux offres, acceptait de connaître celle de Cunard. Samuel ne possédait aucun navire à vapeur, mais il obtint le contrat.

Avant de faire parvenir par la poste sa soumission à l'Amirauté, il devait s'organiser pour construire des navires spécialement conçus pour le transport transatlantique du courrier. Il se mit immédiatement en route vers Glasgow, en Ecosse, afin d'y rencontrer Robert Napier, le meilleur ingénieur maritime d'Angleterre et d'Amérique. Cunard et Napier étaient de la même trempe. Ils avaient tous deux des exigences très élevées et souscrivaient à l'idée que "seuls les navires de la meilleure espèce" étaient acceptables.

Napier avait des idées personnelles bien spécifiques et très nouvelles sur la construction des moteurs et des navires. Il n'était aucunement intéressé de construire un voilier mû par un moteur. Il voulait des bateaux conçus pour être mûs uniquement par des engins à vapeur. A l'encontre de ce qui se faisait, il apportait l'idée révolutionnaire de faire voyager un mécanicien sur chaque bateau et de l'équiper d'un atelier où l'on trouverait un jeu complet d'outils et de pièces de rechange. Il préconisait aussi la présence nécessaire d'un médecin à bord. Chose surprenante, on mit des années avant d'accepter d'autres mesures de sécurité. Equiper tout navire d'un éclairage permanent, toujours doubler un autre vaisseau de la même manière, c'étaient autant de conceptions fondamentales auxquelles on ne pensait même pas.

Samuel ne prenait que des risques calculés. Napier et lui signèrent rapidement un contrat pour la construction de "trois navires à vapeur convenables et de bonne qualité", équipés de deux moteurs et conçus pour le transport possible de plus de cent passagers. L'estimation la plus basse possible soumise par Napier à Cunard était de 32 000 livres par navire.

Le temps de le dire, Cunard ramassa tout près d'un tiers de million de livres. A la compagnie qu'il forma, il donna le nom de "The British and North American Royal Mail Steam Packet Company". Presque immédiatement après, on abrégeait ce nom en celui de "Cunard".

Samuel s'assura de signer un contrat avec Napier et de ramasser le capital requis avant de négocier avec l'Amirauté. Il proposa, au coût de 55 000 livres par année, d'assurer un service transatlantique bi-mensuel comprenant des lignes secondaires vers Québec et Boston. L'offre fut acceptée.

C'étaient quelques années avant la banqueroute de Joseph qui, sans aucun doute, était jaloux de tout cela. Frayer avec les Lords de l'Amirauté et de la Trésorerie, recueillir des milliers de livres sur la foi d'une idée, comme le faisait Samuel, c'était le mode d'opération préféré de Joseph.

La tentation de partager cette gloire fut trop forte chez Joseph. Il gagna le Canada avant Samuel et, dès son arrivée à Halifax, il annonça la signature du contrat assurant que cette ville deviendrait le terminus ouest. Si certaines personnes pensèrent que lui, Joseph, avait obtenu ce contrat, tant mieux! Après avoir été reçu d'une façon formidable à Halifax, il retourna à Chatham, non sans s'être assuré encore une fois que les gens étaient au courant de son arrivée et prêts à lui offrir une fête grandiose.

Malheureusement, à son arrivée à Halifax, Samuel devait faire connaître la mauvaise nouvelle: Boston serait le terminus ouest de la ligne. La ville de Halifax était trop petite et trop éloignée des grandes villes pour répondre aux besoins. Mais Samuel apportait de bonnes nouvelles: il s'était assuré les droits de contrôle de la General Mining Association qui, à son tour, exerçait un contrôle sur les vastes mines des Maritimes. A son retour d'Angleterre, Samuel rapporta avec lui, en primeur, en Nouvelle-Ecosse, des engins et des locomotives à vapeur. Avec l'utilisation du charbon pour alimenter ces nouveaux engins à vapeur, l'exploitation des mines des Maritimes entrait dans une période de prospérité.

Il faut le signaler, Samuel était né en 1787. Le premier navire à vapeur de la ligne Cunard traversa l'Atlantique en 1840. Agé de 53 ans, Samuel misait tout son avoir sur un moyen de transport à peine mis à l'épreuve et qui pouvait ou le ruiner ou lui apporter une fortune nouvelle.

Le Britannia Chapitre 9

Le *Britannia* fut le premier navire construit par la ligne Cunard pour le transport du courrier transatlantique. Long de quatre-vingt-dix mètres, flanqué de chaque côté d'immenses roues à aubes, orné d'une figure de proue féminine représentant *Britannia* portant un trident, il avait fière allure.

Il comptait trois chaudières et transportait 1 500 tonnes de charbon, quantité suffisante pour lui permettre de traverser l'océan en toute sécurité, en dépit des sombres prédictions du docteur Lardner. Il pouvait recevoir 115 passagers, assurés de boire du lait frais durant leur voyage, car on transportait un certain nombre de vaches.

Les salles publiques étaient construites avec goût, mais sans luxe. Les cabines étaient meublées d'une façon encore plus sobre. Dans chacune, on trouvait deux couchettes superposées, une causeuse, deux lavabos et quatre patères. Le seul système d'éclairage consistait en des chandelles que l'on devait même éteindre à dix heures. On remettait chaque jour deux serviettes à chaque passager et l'on balayait les chambres chaque matin.

On racontait que la meilleure chose qui pouvait vous arriver après une traversée transatlantique sur des navires comme le *Britannia*, c'était de prendre un bain chaud.

BIBLIOTHÈQUE
ÉCOLE STE-MARIE
FIELD ONTARIO

Le drapeau de la ligne Cunard

Le *Britannia* fut lancé avec quelques mois de retard, mais Sam Cunard n'aurait pas permis qu'une hâte inutile vînt menacer la sécurité des navires ou des passagers. Tout doit être mis en oeuvre, insistait Sam, pour rendre le navire aussi sûr que possible. Le record de sécurité des navires de la ligne Cunard allait demeurer imbattable sur l'Atlantique du Nord.

D'autres lignes essayèrent de s'attirer la clientèle en construisant des cabines et des salons du plus grand luxe. Le premier souci de Sam Cunard était que les passagers puissent arriver à bon port. Mises à part les raisons humanitaires, une fiche impeccable sur le plan de la sécurité était un bon placement.

Le *Britannia* quitta Liverpool, en Angleterre, le 4 juillet 1840 pour effectuer son premier voyage. Malgré

les vents contraires, la traversée se fit sans accroc. Le navire transportait un équipage de quatre-vingt-dix hommes et soixante-trois passagers enregistrés, y compris Cunard et sa fille Anne.

La rapidité du voyage prit Halifax par surprise. Tout le monde pensait que le voyage durerait environ 14 jours. Quand le navire glissa dans le port de Halifax au milieu de la nuit, il n'y avait personne pour saluer son arrivée.

On rassembla un groupe de citoyens pour offrir à Cunard et au navire une réception civile, mais on commençait à peine à prononcer des discours que la voix du capitaine se fit entendre, disant que le navire devait prendre la route de Boston. Il y était le lendemain soir.

Voici peut-être la plus grande coupe d'argent au monde. Elle fut présentée par les citoyens de Boston à Samuel Cunard à l'arrivée du Britannia.

Le Britannia, *à son départ de Liverpool, le 4 juillet 1840*

Thomas Chandler Haliburton

A Boston on était mieux préparé et l'on appela ce jour le "Jour du Festival Cunard". On servit un énorme banquet ce soir-là et Cunard, peu loquace de nature, se gagna encore plus d'éloges en prononçant un discours très bref.

A son retour, le *Britannia* demeura assez longtemps à Halifax. La réception publique manquée fut reprise mais, après quelques heures, Cunard et son navire repartirent pour l'Angleterre.

Le siècle de la navigation à vapeur était arrivé.

Si le *Britannia* n'était pas le navire le plus rapide ni le mieux équipé sur mer, il fut le premier à effectuer des traversées régulières de l'Atlantique. On écrivit de nombreux articles à son sujet à l'époque et l'on dessina des croquis le montrant en action.

Le juge Haliburton décrivit dans un livre plein d'humour certains des plaisirs et des expériences qu'offrait un voyage transtlantique. Sa création du personnage fictif de Sam Slick l'avait partout rendu célèbre aux Etats-Unis et en Angleterre.

Sam Slick, c'était un horloger et un colporteur américain toujours prêt à passer ses commentaires sur l'actualité avec esprit, ironie ou sarcasme. Tout pouvait devenir la cible des railleries et des quolibets de Sam: l'agriculture, l'esclavage, l'alcoolisme, la politique ou la vie en général.

Mais le juge Haliburton ne se servit pas de Sam Slick pour écrire ses commentaires sur les voyages en mer, mais d'un autre de ses personnages, la jeune et corpulente Miss Figg.

Pour une personne de la taille de Miss Figg, les couchettes superposées présentaient un problème. On peut lire dans *The Letter Bag of the Great Western*, un autre livre du juge Haliburton, le récit des mésaventures de cette demoiselle:

"Ma couchette est celle du haut et je dois y monter en posant un pied sur celle d'en bas et l'autre, au loin sur la barre à serviettes, ce qui suppose un de ces écartèlements des plus épuisant - puis je rejoins le lit d'un genou et je me roule de côté. Ceci est fort inconfortable pour une femme de ma corpulence, et très dangereux . . . La descente représente un exploit digne d'un cavalier et que seul un matelot peut exécuter. Vous ne pouvez pas vous asseoir à cause du plancher du haut; vous devez vous retourner et vous rouler d'abord les jambes en dehors puis vous tenir jusqu'à ce que vous touchiez par terre quelque part, et enfin vous laisser tomber debout. Ca exige un effort épuisant et peu convenable pour une femme raffinée si le garçon de cabine s'adonne à entrer au beau milieu de cette performance."

C'est un gros inconvéniant pour une femme de ma taille

A trente ans, Charles Dickens, déjà consacré comme célèbre romancier international, décrivait de la façon suivante ses expériences à bord du *Britannia* alors qu'il gagnait les Etats-Unis pour y donner une tournée de conférences.

Voici ce qu'il écrivit à propos du voyage:

"Je n'oublierai jamais la surprise plutôt comique que sérieuse que j'éprouvai le matin du trois janvier dix-huit cent quarante-deux en ouvrant la porte d'une "cabine de luxe" pour y plonger le regard, à bord du paquebot à vapeur le *Britannia*, navire d'une capacité officielle de douze cents tonnes, en route vers Halifax et Boston, et transportant le courrier de Sa Majesté. . . Une autre équipe remplissait les glacières qui débordaient de provisions fraîches de toutes sortes: des viandes de boucherie, des denrées potagères, des cochons de lait blêmes, des têtes de veaux en grand nombre, du boeuf, du veau, du porc et des volailles en quantité démesurée . . . et il semblait que toutes les activités n'étaient orientées que vers la préparation de ce grand voyage . . . Les longs trois mille milles et plus, et plus longs encore les six mois d'absence perdirent de leur importance et tombèrent dans l'oubli à un tel point que le navire avait quitté le port, qu'il y était revenu et qu'on était déjà en plein printemps au quai de Liverpool. (Finalement, ils voguent). . . Trois autres hourras éclatent et, quand le premier retentit à nos oreilles, le navire vrombit comme un puissant géant qui vient tout juste de recevoir le premier souffle de vie. Les deux énormes roues tournent violemment pour la première fois et le navire altier, poussé à l'arrière par le vent et la marée, s'élance orgueilleusement à travers l'eau qui bouillonne et écume.

D'après vos lectures sur les premiers voyages transatlantiques, et en vous servant de Miss Figg comme exemple, faites la description des expériences vécues par un autre passager.

Chapitre 10

Le Ruban bleu de l'Atlantique

Le fait d'insister sans cesse sur la suprême importance de la sécurité tourna à l'avantage et au profit de Samuel Cunard.

Fasciné, le public suivait la course que se disputaient les navires munis de deux roues à aubes sans être pour autant tout à fait convaincu que c'était là un moyen sûr de traverser l'océan Atlantique. Quand le *Président* et ses 136 passagers disparurent sans laisser de trace, le peu de confiance des gens fut anéanti. A la suite de ce désastre, la compagnie British and American Steam Navigation, propriétaire du navire, se retira du service et, en moins d'un an, il n'y avait plus qu'un seul navire au nord de l'océan Atlantique pour contester la suprématie de la ligne Cunard.

D'où vient l'expression "Ruban bleu" dont on se sert dans le présent contexte?

Le navire qui effectuait le plus rapidement possible la traversée par la route de l'Atlantique-nord se méritait une récompense symbolique qu'on appelait "le Ruban bleu de l'Atlantique". Même si ce ruban n'existait pas vraiment, le prestige qu'on lui accordait était énorme. On peut sûrement dire que,

Voici la première caricature où les Etats-Unis sont représentés par l'Oncle Sam.

Les Américains auraient aimé entrer dans la course. Cette caricature aide à faire comprendre pourquoi les compagnies navales américaines ne pouvaient pas entrer en compétition. Le gouvernement anglais fournit une aide considérable aux navires anglais pendant que le gouvernement américain observait ce qui se passait sans vouloir s'engager.

à cette époque, c'est Samuel Cunard qui le mérita. Par la suite, on attribua parfois le ruban bleu à des navires d'autres compagnies et d'autres pays, mais cette récompense finissait toujours par revenir à l'un des navires de la ligne Cunard.

Cependant, il arrivait même au *Britannia* de connaître des difficultés.
Une fois, il échoua en entrant au port de Halifax. Il n'y eut pas de blessés et on le renfloua rapidement. Avant de le remettre en service, Samuel ordonna qu'il fût envoyé à Boston pour y subir un grand carénage.

Cunard se demandait alors si Boston était le meilleur endroit qu'on pouvait choisir comme terminus ouest du trajet. Deux autres villes, Halifax et New-York, tentaient toujours de s'assurer ce privilège dont la valeur commerciale était énorme.

Halifax n'avait aucune chance. La ville était trop petite et trop isolée pour se gagner ce grand honneur. Quand la ville de Boston fut reliée à celle de Buffalo par un chemin de fer, la ville de Halifax perdit même les contrats d'expédition qu'elle avait déjà détenus. Grâce au nouveau chemin de fer, on pouvait faire transporter le courrier à Buffalo et, ensuite de nuit, au Canada. Même les immigrants en route vers le Canada refusaient de débarquer à Halifax et se rendaient jusqu'à Boston.

Samuel Cunard regrettait d'avoir à écarter sa propre ville de la course; à cause de cela il perdit provisoirement un peu de sa popularité en Nouvelle-Ecosse. Avec ses mines de charbon, ses chantiers de construction de navires et ses terres à bois, il faisait tout ce qu'il pouvait pour aider sa province natale.

De concert avec Joseph Howe, il essaya de convaincre le British Colonial Office de relier la Nouvelle-Ecosse au reste du Canada par un chemin de fer. Bien sûr, une telle ligne aurait permis d'accéder à l'exploitation des vastes terres détenues par les Cunard au Nouveau-Brunswick. Mais le Colonial Office fut lent à démarrer et ni Howe ni Cunard ne vécurent assez vieux pour assister à la réalisation de cette ligne de chemin de fer.

Halifax étant éliminé de la course, la lutte se fit entre Boston et New-York. Durant l'hiver de 1844, la ville de Boston, par malheur, fut frappée d'un froid subit et intense. Pour empirer les choses, le *Britannia* se trouvait au port. A certains endroits, l'épaisseur de la glace atteignit deux mètres. Tous les hommes disponibles à Boston accoururent au port pour tenter de dégager le navire. On y arriva, en fin de compte, en ouvrant un canal long de sept milles à travers la glace. A Boston, on tenta de tenir caché cet événement; mais c'était une trop bonne nouvelle pour qu'elle pût demeurer cachée longtemps. Les New-Yorkais, très heureux de savoir que leur port n'était pas prisonnier des glaces, se moquèrent des grands froids de Boston. La possibilité que la chose se produisit de nouveau devint une raison de plus pour établir à New-York le terminus des navires à vapeur.

Samuel Cunard vers 1840

La presse encouragea la rivalité qui existait entre les deux villes. Plusieurs journaux se firent concurrence et voulurent être les premiers à obtenir les nouvelles d'Europe. Un journal poussa la chose au point de se servir de pigeons voyageurs pour recevoir ses dépêches des navires dès que ces derniers étaient assez proches pour être vus de la terre ferme. New-York, à cause de son étendue et de son importance, l'emporta finalement sur Boston et devint le terminus ouest de la ligne Cunard.

Quel serait un synonyme de pigeon voyageur?

"Sureté et régularité de marche", telles étaient les rengaines de Samuel Cunard. Aussi, selon son habitude, il se montra lent à adopter de nouvelles techniques, attendant de voir ce qu'elles donnaient sur d'autres navires. Vers cette époque, on se mit à construire des navires en fer, et l'hélice remplaçait les roues à aubes comme moyen de propulsion. Toujours prudent, Sam était tout à fait disposé à attendre que ces deux innovations fissent leurs preuves.

En 1848, neuf navires à vapeur de la Cunard assuraient, sur l'Atlantique, un service hebdomadaire entre les deux continents et ce, douze mois par année. A juste titre, Samuel aurait mérité le surnom de Roi de l'Atlantique-nord. Il semblait que rien ne pouvait lui enlever la suprématie que lui assuraient ses navires en effectuant la traversée entre l'Angleterre et l'Amérique. Aux yeux du profane, la compagnie Cunard semblait invincible mais, cette année-là, Joseph Cunard déclara faillite et Samuel se tint responsable de ses lourdes dettes. Pendant un certain temps, toutes les ressources de Samuel furent mises à contribution. Bien plus, Samuel fournit généreusement à Joseph l'argent nécessaire pour qu'il ouvrît une firme de courtage maritime en Angleterre. Malheureusement, les rapports étroits d'autrefois entre les deux frères étaient rompus et Samuel vit rarement Joseph.

Chapitre 11 Les concurrents

Le monopole dont jouissait la compagnie Cunard n'allait durer qu'un an. Cette fois, le concurrent était un Américain, E. K. Collins, qui était résolu "à effacer de l'Atlantique les navires de la Cunard".

En 1849, Collins, propriétaire de la ligne de paquebots Dramatic, construisit à grand prix quatre navires à aubes. Ses meilleures armes pointées contre les navires de la ligne Cunard étaient la vitesse et le luxe. De magnifiques tapis recouvraient les planchers, de riches meubles en peluche embellissaient les salles publiques. L'éclairage accusait une nette amélioration sur le système de chandelles des navires de la Cunard, et l'on avait installé des clochettes électriques dans les cabines.

L'objet de grand luxe par excellence, c'était la salle de bains où l'on pouvait emplir les bains de l'eau salée pompée à même l'océan. Samuel ne pouvait rien offrir qui approchât ce luxe. Non seulement les navires de Collins étaient-ils beaux et luxueux, mais ils connaissaient le succès aussi.

La concurrence s'accrut encore. En 1850, une compagnie anglaise, la ligne Inman, vit le jour. Son ambition était de tirer profit de l'argent à faire avec la foule des immigrants qui gagnaient le Nouveau Monde et qui devaient voyager en troisième classe. La ligne Inman avait construit ses navires en fonction même de ce commerce et les profits répondaient aux espérances entrevues.

Pourquoi un si grand nombre d'immigrants quittèrent-ils l'Europe et les Iles britanniques à partir de 1840?

Jusqu'en 1850, les immigrants avaient toujours voyagé sur des voiliers où ils connaissaient les pires conditions. Si les vents n'étaient pas favorables, ces gens infortunés et désespérés passaient des semaines enfermés dans la cale aux prises avec la saleté et terrassés par la maladie. Plusieurs perdirent la vie dans ces voyages. On abusa honteusement parfois de certains survivants. Quelques capitaines sans scrupules les laissaient sur le rivage de la côte rocailleuse de Terre-Neuve.

Sur les pressions de Howe, Sam Cunard fit construire deux navires destinés au commerce du transport des immigrants: le *Andes* et le *Alps.* Tous deux avaient une coque de fer et étaient mus par des hélices. On avait prévu des aménagements pour les passagers de première et de deuxième classe aussi bien que pour les immigrants. Même s'il connaissait la prospérité, Samuel était toujours très heureux de voir d'autres compagnies faire l'essai de nouveaux bateaux de constructions différentes.

Le *Great Eastern*, par exemple, le plus gros navire de mer de l'époque, connut une aventure coûteuse et infructueuse. Il avait été conçu pour le long voyage aller retour aux Indes sans avoir à se ravitailler en combustible.

Pour la traversée plus courte de l'Atlantique, il s'avéra un désastre financier et connut une suite de malheurs. A son premier voyage sur l'Atlantique, ses immenses roues à aubes furent réduites en miettes, une vache qui était passée à travers un puits de lumière tomba dans la salle à manger située au-dessous et l'on dut décharger à pleins seaux les bagages réduits en pulpe.

Pendant un certain temps, la ligne Cunard se fit enlever des passagers par la ligne Collins. La rapidité du voyage transocéanique attirait fortement les clients. Mais les voyageurs ne savaient pas que les voyages continuels à haute vitesse détruisaient aussi les engins.

Le Great Eastern

En 1854, la guerre éclata en Crimée entre la Russie d'une part et l'Angleterre, la France et la Turquie d'autre part. Une clause du contrat de la Cunard voulait que, si la Grande-Bretagne entrait en guerre, la Cunard fût tenue de prêter un certain nombre de ses bateaux à l'Amirauté britannique. Quelques navires de la Cunard se joignirent à la marine de l'Etat pour le transport des troupes en Crimée.

Cela aurait pu fournir l'occasion à Collins d'effacer la ligne Cunard des mers. Mais l'effort que les hautes vitesses avaient exigé des engins eut finalement ses effets. En un an, deux des navires de Collins coulèrent, causant, dans les deux cas, de lourdes pertes de vie. La ligne Collins fut incapable de se remettre de ce double désastre et se retira des affaires.

Le Ruban bleu revint à Samuel Cunard.

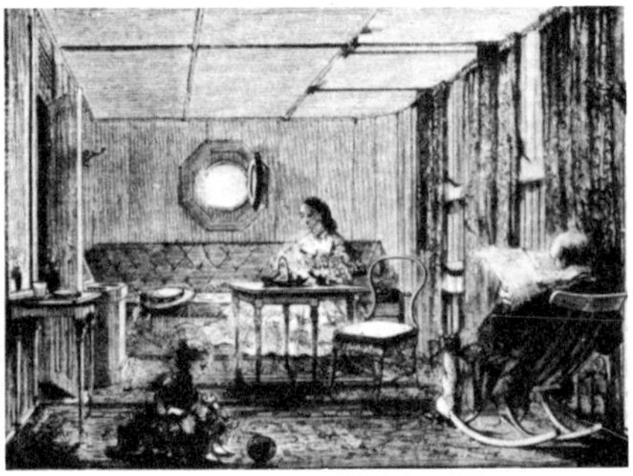

Sur le Great Eastern, *une cabine avec salon*

Le grand salon du Great Eastern

Le succès Chapitre 12

En 1848, Cunard s'en alla vivre en Angleterre. En récompense des services rendus par ses navires durant la guerre de Crimée, on lui conféra en 1859 le titre de baronnet. Sam Cunard, le garçon qui autrefois faisait les courses dans les rues de Halifax, était devenu Sir Samuel Cunard. Dans ses commentaires à propos de cette reconnaissance honorifique, le London Times disait: "C'est à Sir Samuel Cunard plus qu'à tout autre homme que nous sommes redevables de la route transatlantique".

Il avait entrepris une nouvelle et brillante carrière si tard dans sa vie. Sir Samuel crut bon de se retirer. Enfin, il se voyait libre de passer une grande partie de son temps avec sa famille de neuf enfants et de trente-cinq petits-enfants. Il habitait une belle maison à Londres et se fit construire une élégante villa à la campagne (son fils Edward se fit construire une imposante demeure à New-York où il était le représentant de la ligne Cunard). De plus, il conserva la vieille maison de la rue New-Brunswick, à Halifax, où il avait connu ses premiers succès.

En 1863, Sir Samuel apprit que Joseph avait subi une crise cardiaque. Désirant vivement faire oublier le différend qui les avait tenus éloignés l'un de l'autre pendant si longtemps, il se hâta d'aller au chevet de son frère malade, mais en vain. Avant qu'il ne pût le revoir, son frère Joseph était mort. Deux ans plus tard, en avril 1865, Sir Samuel mourut. Sa famille s'établit en Angleterre où elle menait une vie élégante durant la belle saison et faisait la chasse à courre durant l'hiver. Le petit-fils de Samuel Cunard, Sir Bache Cunard (le fils d'Edward), s'était acquis la réputation d'être un remarquable chasseur de renards, et sa femme, Emerald, celle d'être la plus célèbre des hôtesses edwardiennes. Leur fille Nancy fit sensation en étant l'une des plus outrageuses "Bright Young Things" des années 1920. On était bien loin de l'époque de Thones Kunders.

Après la mort de Cunard, on devait presque fatalement s'attendre à ce que la compagnie connût temporairement des jours moins prospères. Même si Sir Samuel avait plusieurs frères et deux fils, il avait dirigé les affaires de la ligne Cunard d'une manière très personnelle, et personne ne pouvait le remplacer immédiatement. Son fils William, qui avait marié la fille du juge Haliburton, aida la compagnie à traverser la période difficile de transition.

Un commerce comme celui de l'industrie maritime présente de telles possibilités de s'enrichir et de se créer du prestige qu'il attire les hommes d'envergure. Sir Thomas Ismay fonda la ligne White Star et, en peu de temps, ses navires prirent la première place dans le domaine des voyages océaniques. Une fois de plus, le Ruban bleu passa aux mains d'un compétiteur.

Il sembla presque que les autres compagnies, dans leur impatience de briser le monopole de la Cunard, prirent des risques imprudents. Ceci arriva au paquebot *Atlantique* de la ligne White Star. Conscient qu'il allait manquer de charbon, le capitaine dirigea son navire, à toute vapeur, vers Halifax pour le ravitailler. Au milieu de la nuit, le navire échoua et se brisa presque sur le coup, causant la mort de 545 personnes.

Vous lirez sans doute avec intérêt le livre de Walter Lord, "A Night to Remember", qui décrit la tragédie du Titanic.

La ligne White Star mit des années à se remettre de ce coup. Finalement, en 1912, la compagnie fit effectuer sa première traversée au navire le plus gros et le plus somptueusement équipé jamais construit jusque-là. On le disait "insubmersible". Mais à son premier voyage, il frappa un iceberg et coula, provoquant le plus grand désastre maritime de l'histoire. On l'avait nommé le *Titanic.*

Maints bateaux de la Cunard furent célèbres pour diverses raisons:

Le *Servia*, en 1881, utilisa pour la première fois l'éclairage électrique;

Le *Campania*, en 1893, fut le premier paquebot-poste à être construit sans voiles et à utiliser les turbines à vapeur;

Le *Lucania*, en 1901, avait le sans-fil;

Le *Lusitania* et le *Mauretania*, en 1907, furent les transatlantiques les plus rapides sur mer et ramenèrent le Ruban bleu à la ligne Cunard. Le *Lusitania* fut torpillé et coulé par l'ennemi, en 1915, durant la première Grande-Guerre.

Rédigez une brève esquisse du caractère de Samuel Cunard.

Vers la fin des années 1930, on construisit le *Queen Mary* et le *Queen Elisabeth.* Ce dernier, mesurant 1010 km de long, était le plus gros transatlantique au monde. La seconde guerre mondiale éclata peu après leur lancement, et on les transforma pour le transport des troupes. Durant les années de la guerre, ils transportèrent au-delà d'un million et demi de soldats à travers les océans. Avec ces navires, on était loin du *Britannia* qui mesurait à peine 90 m de longueur, qui avait ses vaches qui fournissaient le lait frais et qui comptait quatre patères par cabine.

Mais le temps a rattrapé encore une fois la ligne Cunard. On ne voit plus ses navires transatlantiques sillonner l'Atlantique du Nord et transporter des passagers. En effet, il n'en reste presque plus de ces navires. Les aérobus ont remplacé les navires, permettant aux passagers de traverser l'Atlantique en cinq heures.

Des noms célèbres sont disparus. On a vendu le *Queen Mary* et le *Queen Elisabeth.* Le *Mauretania* et le *Lusitania* n'existent plus. Mais le nom de ces grands navires vivra tant que les hommes prendront la mer sur des bateaux.

Le Canada a produit de grands hommes et de grandes institutions, mais il y en a peu qui furent plus grands que Sam Cunard et la ligne Cunard.

Le grand salon du Queen Mary

Le Mauretania

Le Lusitania
Le Carmania

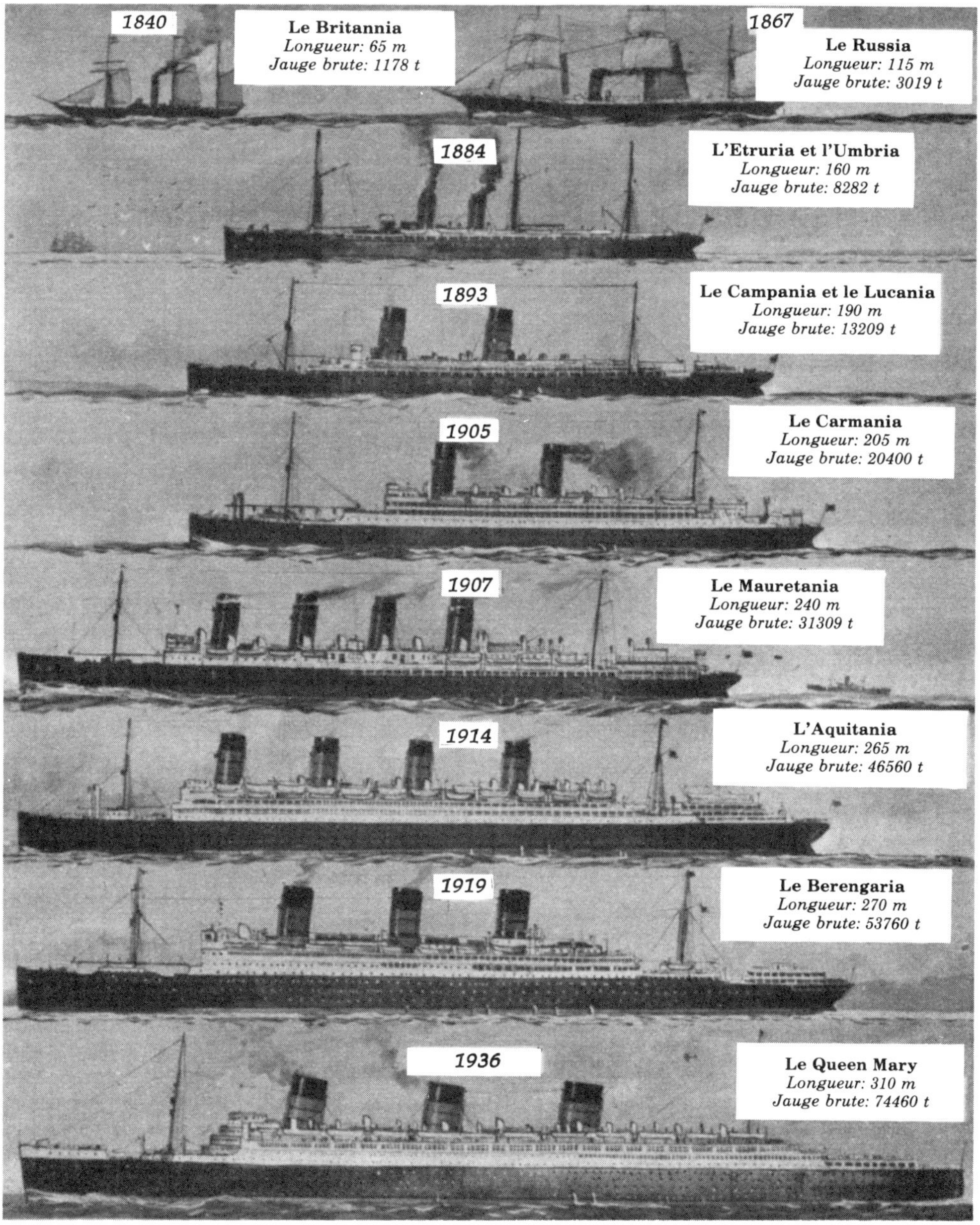

L'évolution de la ligne Cunard à partir du Britannia *en 1840 jusqu'au* Queen Mary *en 1936*

Le Queen Mary

BY · PERSEVERANCE

REMERCIEMENTS

L'auteur désire remercier les personnes suivantes pour leur aide: Mme S. Wilson de la bibliothèque minicipale publique de St-Catharines, le personnel de la bibliothèque de l'Université Brock et Mme C. Erwin du Conseil scolaire de Lincoln.

Les éditeurs désirent exprimer leur gratitude aux organismes dont les noms suivent et qui leur ont permis d'utiliser les illustrations suivantes reproduites dans ce livre et pour lesquelles ils détiennent les droits d'auteur:
Harper & Row, page 3
La Compagnie Cunard Steam-Ship et l'Université de Liverpool, pages 35, 41, 46, 55, 56, 57, 58, 59, 62
Le Bureau de direction de La Bibliothèque du Toronto métropolitain, page 30
Le Centre de Renseignements et de communications de la Nouvelle-Ecosse, page 42
Les Archives publiques du Canada, pages 13, 16, 31
Les Archives publiques de la Nouvelle-Ecosse, la page du titre, pages 6, 34, 60

Edition: Laura Damania
Design: Jack Steiner
Page-couverture: Merle Smith

The Canadians

Editeur consultant: Roderick Stewart
Editeur en chef: Robert Read

On a mis tout en oeuvre pour rapporter fidèlement toutes les sources d'information. L'auteur et les éditeurs recevraient avec reconnaissance toute information qui leur permettrait de corriger toute erreur ou omission.

Les chaînes de l'ancre du Queen Mary